1905 - Avril - 6

VENTE

HOTEL DROUOT — SALLE N° 6

Les Jeudi 6 et Vendredi 7 Avril 1905

À 2 HEURES 1/4

BEAU

MOBILIER de SALON

en tapisserie du temps de Louis XIV

MEUBLES ANCIENS et de STYLE

Objets d'Art - Tableaux

TAPISSERIES DE BRUXELLES

Mᵉ E. BRAOUÉZEC	**M. Arthur BLOCHE**
COMMISSAIRE-PRISEUR	EXPERT PRÈS LA COUR D'APPEL
41, *rue de la Victoire,* 41	51, *rue Saint-Georges,* 51

EXPOSITION PUBLIQUE

Le Mercredi 5 Avril 1905, de 2 heures à 6 heures

C. CHAUFOUR

8-10, RUE MILTON, 8-10

PARIS

CATALOGUE

D'UN

BEAU

MOBILIER DE SALON

en tapisserie du temps de Louis XIV

Sièges, Écran, Table

MEUBLES ANCIENS ET DE STYLE

Console avec glace, Commode, Table tric-trac Louis XVI
Poudreuse, Bahuts, Coffre, Bureaux, Glaces
Sièges, Secrétaires, Vitrines, Meubles en marqueterie hollandaise
Salle à manger Renaissance, Chambre à coucher Louis XV

Billard, Piano

OBJETS D'ART

Bronzes, Porcelaines d'Allemagne
Faïences — Sculptures — Émaux — Miniatures — Bijoux — Argenterie

TABLEAUX

des Écoles française, hollandaise et italienne

Dessins, Aquarelles, Gravures

TAPISSERIES ANCIENNES DE BRUXELLES

Panneaux en broderies de perles Louis XIII

DENTELLES

dont la vente aura lieu

HOTEL DROUOT — SALLE N° 6

Les Jeudi 6 et Vendredi 7 Avril 1905

A 2 HEURES 1/4

Mᵉ E. BRAOUÉZEC	**M. Arthur BLOCHE**
COMMISSAIRE-PRISEUR	EXPERT PRÈS LA COUR D'APPEL
41, Rue de la Victoire, 41	*51, Rue Saint-Georges, 51*

Chez lesquels se trouve le présent catalogue

EXPOSITION PUBLIQUE

Le Mercredi 5 Avril 1905, de 2 heures à 6 heures

CONDITIONS DE LA VENTE

La vente sera faite au comptant.

Les acquéreurs paieront *dix pour cent* en sus des prix d'adjudication.

L'Exposition mettant le public à même de se rendre compte de l'état des objets, aucune réclamation ne sera admise une fois l'adjudication prononcée.

Paris, Imprimerie C. Chaufour, 8, rue Milton

DÉSIGNATION

MEUBLES

1 — Très beau mobilier de salon composé d'un canapé et
de six fauteuils en bois sculpté doré, dessin à coquilles
fleuronnées, couvert en tapisserie au point et au petit
point à personnages sur fond à grands ramages. Epoque
Louis XIV.

2 — Ecran en bois sculpté et doré avec panneau en tapisserie au point et au petit point assorti au salon précédent.
Epoque Louis XIV.

3 — Table en bois sculpté et doré, dessus de marbre
brèche. Epoque Louis XIV.

4 – Baromètre en acajou garni de bronze. Premier empire.

5 — Très belle console de boudoir au petit salon en bois sculpté et doré. à rosaces entrelacées, avec dessus en marbre bleu turquoise, surmontée d'une grande glace à étagère avec cadre à nœud de rubans et guirlandes de fleurs, offrant dans le haut un cartel forme lyre suspendu à un trophées de flèches. Style Louis XVI.

6 — Meuble poudreuse, ouvrant à deux portes et un tiroir en bois garni de bronzes dorés. XVIIIe siècle.

7 — Grande commode haute ouvrant à quatre rangées de tiroirs en bois de rose et de palissandre, garnie de bronzes, dessus de marbre gris. Epoque Louis XVI.

8 — Beau meuble à deux corps en bois sculpté ouvrant à quatre portes et deux tiroirs. XVIIe siècle.

9 — Meuble de salon de style Louis XIV en noyer sculpté recouvert de lampèze fond rouge à fleuron, composé d'un canapé, deux fauteuils et deux chaises de la maison KRIEGER.

10 — Bureau en acajou, à tiroir rentrant formant tablette à écrire.

11 — Commode en acajou à quatre tiroirs, le dessus en marbre gris veiné.

12 — Belle salle-à-manger Renaissance en noyer ciré, composée : d'un buffet à six portes avec panneaux en bois sculpté, de six chaises recouvertes en cuir et d'une table à trois rallonges.

13 — Quatre fauteuils en bois sculpté et laqué gris, couverts en soierie fond rose à motifs brodés.

14 — Banquette laquée blanc dessus en soierie crème de de style Louis XVI.

15 — Deux bergères de style Louis XVI en bois sculpté et laqué gris, couvertes en soierie fond rose à petits médaillons.

16 — Grand billard en marqueterie d'érable et de citronnier garni de bronzes, avec les queus, les boules d'ivoire. etc.

17 — Coffre en bois sculpté. daté de 1600.

18 — Deux petites consoles d'applique en bois sculpté.

19 — Petite console d'applique en bois doré.

20 — Deux fauteuils de l'époque Louis XVI, en bois sculpté, recouvert en damas vert.

21 — Six chaises hollandaise en marqueterie de bois à fleurs.

22 — Vitrine à deux portes en acajou et filets de cuivre, dessus en marbre banc.

23 — Table à jeu en marqueterie. Travail hollandais.

24 — Fauteuil de bureau de même genre.

25 — Corbeille en acajou Directoire.

26 — Porte-parapluie en noyer ciré avec glace.

27 — Belle chambre à coucher de style Louis XV en noyer sculpté à rocailles et guirlandes de fleurs composée d'un lit de milieu offrant en bas relief des amours au milieu de guirlandes, d'une armoire à glace galbée à deux portes de même travail et d'une table de nuit.

28 — Salon de style Louis XV en noyer ciré et sculpté recouvert en soierie bleu clair, comprenant un canapé, quatre fauteuils et quatre chaises.

29 — Deux fauteuils en noyer ciré à croisillons recouverts d'étoffe ancienne.

30 — Beau fauteuil Louis XV recouvert de tapisserie à la main.

31 — Petit cabinet à trois tiroirs en marqueterie de bois.

32 — Petit secrétaire de poupée en bois de rose.

33 — Deux fauteuils Louis XV en bois sculpté et doré, recouvert en soie brochée vert.

34 — Belle salle à manger de style Renaissance comprenant un buffet avec crédence et loggia en surélévation et panneaux sculptés, six chaises recouvertes en cuir et une table à allonges.

35 — Deux chaises de style Louis XV en noyer ciré, recouvertes de soierie vieux rose.

36 — Deux fauteuils de style Louis XV en noyer ciré recouverts de soierie vieux rose.

37 — Chaise longue de style Louis XV en noyer ciré recouverte de soierie vieux rose.

38 — Vitrine de style Louis XV ornée de peintures et de bronzes dorés.

39 — Table à jeu de style Louis XV en marqueterie de bois de luxe.

40 — Table à thé Louis XVI en bois d'acajou ciré orné de bronzes ciselés dessus marbre.

41 — Belle table noire à croisillons en bois d'ébène ornée de fines incrustations d'ivoire.

42 — Banquette en noyer ciré rehaussée de filets d'or recouverte de soierie.

43 — Table à jeu d'époque Louis XVI formant jaquet à double face (d'un côté un échiquier et d'autre côté un drap de jeu).

44 — Deux chaises époque Louis XV laquées et foncées de canne.

45 — Casier en bois doré à étagères cannées et dessus marbre de style Louis XVI.

OBJETS D'ART

46 — Groupe en terre cuite : Enfant assis sur un dauphin, XVIIIe SIÈCLE.

47 — Groupe en porcelaine blanche de Furstemberg : le Pigeonnier.

48 · Groupe de Furstemberg : Causerie amoureuse.

49 — Statuette de Nymphemberg : le marquis galant.

50 — Statuette en porcelaine : Polichinelle.

51 — Paire de vases en porcelaine blanche de Berlin.

52 — Statuette de Minerve, en ivoire et en bois, sur socle en marbre.

53 — Deux carafes hollandaises en verre gravé.

54 — Soupière en porcelaine à fleurs, poignées à figures d'enfants.

55 — Groupe en porcelaine blanche : Enlèvement.

56 — Vase en porcelaine, décor à fleurs.

57— Deux jardinières de Moustiers et autre faïence.

58 — Vase de Moustiers dit à surprise.

59 — Surtout de table à fond de glace en trois parties avec monture argentée.

60 — Deux statuettes en bronze : Enfants buveurs, socle en marbre.

61 — Statuette en bronze Oriental : à l'éventail.

62 — Paire de bras d'appliques Louis XV à trois lumières en bronze.

63 — Groupe en bronze : Phaune et Bacchante, d'après Clodion.

64 — Paire de chenêts Louis XV en bronze, rocailles et figures.

65 — Statuette en biscuit : Amour.

66 — Deux éléphants en porcelaine sur socle en bronze.

67 — Buste en bronze : la Dubarry.

68 -- Paire de vases en porcelaine de Chine, monture en bronze.

69 — Fusil en bois incrusté d'ivoire gravé à sujets de chasse. Canon en fer plaqué d'argent sur la culasse avec embouchure ciselée, batterie en fer gravé offrant une chasse au sanglier : signée : Johann Georg. Ott. Allemagne XVIIIᵉ SIÈCLE.

70 — Deux plaques en faïence de Deck représentant des chasses au cerf et au sanglier. Encadrées.

71 — Plat rond en faïence de Deck représentant un portrait d'homme du moyen âge. Encadré.

72 — Glace avec cadre en bois sculpté peint et doré. Époque Louis XV.

73 — Paire d'appliques en bronzes doré et parties noires représentant des satyres.

74 — Collection de terres cuites antiquités mexicaines : douze pièces

75 — Garniture de cheminée en bronze argenté et doré comprenant la pendule ornée d'un bronze « les trois grâces » et de deux candélabres avec figurines.

76 — Bronze groupe de Clodion. Quatre personnages.

77 — Bronze : La lionne de Barye.

78 — Beurrier en faïence de Rouen.

79 — Bois sculpté du xviie siècle représentant les mains de Saint-Pierre tenant les clefs du Paradis.

80 — Paire d'appliques de style Louis XV, à trois lumières en bronze doré.

81 — Paire d'appliques de style Louis XVI à deux lumières en bronze doré.

82 — Garniture de cheminée. Style Louis XVI bronze et porcelaine.

83 — Boîte à jeu avec jetons nacre et ivoire.

84 — Boîte nécessaire en argent doré avec pierres de fantaisie.

85 — Marbre de Caussé.

86 — Encrier métal argenté. Le Batelier.

87 — Brûle-parfum, bronze représentant un éléphant.

88 — Une pendule Empire colonne bois avec applications bronze doré et ciselé.

89 — Deux plats en porcelaine de Chine de la famille rose.

90 — Pichet en grès d'Allemagne avec couvercle étain.

91-92 — Trois figurines en porcelaine de Chine.

93 — Paire de candélabres en bronze à sept lumières soutenues par des enfants.

94 — Un lot de plats et assiettes de différentes provenances.

94 *bis* — Bronze : La Cigale.

95 — Petit thermomètre en bronze sur socle marbre représentant l'Obélisque.

96 — Paire de chenêts de style Louis XVI en bronze doré surmontés de lions couchés.

97 — Lampadaire en fer forgé.

98 — Important lustre en verre de Venise.

99 — Pendule en bronze doré d'époque premier Empire représentant Apollon jouant de la lyre.

100 — Belle pendule d'époque Directoire avec bas relief finement ciselé dont l'un représente des amours jouant.

101 — Chenêts en cuivre poli avec barre. Style Louis XIII.

102 — Statuette en bois de fer de travail japonais, représentant une divinité.

103 — Lustre de style hollandais en cuivre poli à dix-huit lumières, arrangé pour l'électricité.

104 — Suspension en bronze poli à douze bougies et lampe à pétrole.

105 — Machine à écrire, de Yost.

OBJETS DE VITRINE. BIJOUX

106 — Bague or marquise, ornée d'une opale entourée de diamants.

107 — Bague or ornée d'un saphir entouré de diamants.

108 — Marquise rectangulaire pavée de rubis et diamants.

109 — Bague or et platine, rivière enrichie de rubis d'orient et de diamants.

110 — Marquise or ornée d'émeraudes et de diamants.

111 — Bague or et platine enrichie d'une perle et de quatre brillants.

112 — Paire de boucles d'oreilles or ornées de saphirs entourés de diamants.

113 — Epingle de cravate or et platine, trèfle trois perles et brillants.

114 — Trois boutons de chemise montés or et perles fines.

115 — Sautoir or enrichi de trente-quatre pierres fines.

116 — Deux épingles jumelles or, sept perles fines.

117 — Paire boutons d'oreille or, deux brillants, deux perles fines.

118 — Paire boutons d'oreilles vis, deux perles fines.

119 — Trois boutons chemise, trois perles fines.

120 — Bracelet chaîne or, huit perles fines.

121 — Bague or, une perle fine entourée de quatorze diamants.

122 — Bague or, un rubis d'Orient, deux brillants.

123 — Bague or, ancienne miniature chérubin entouré de roses.

124 — Bague or, marquise Louis XVI, émail bleu et diamants.

125 — Bague or, rubis et saphirs.

126 — Broche corbeille Louis XVI, marcassittes.

127 — Epingle à chapeau pendeloque, perle fine.

128 — Epingle cravate or, camée entourée de diamants.

129 — Sautoir or, grenats, vingt-sept perles fines.

130 — Epingle cravate or, trèfle perles fines et roses.

131 — Epingle à chapeau, turquoises et perles fines.

132 — Bayadère perles fines, glands enrichis de rubis.

133 — Sac à main cuir écrasé.

134 — Miniature ovale sur ivoire : Le Silence, d'après Baudoin.

135 — Miniature sur ivoire : Portrait de jeune femme. Epoque Louis XVI.

136 — Miniature sur ivoire : Portrait de Bergère, d'après Boucher.

137 — Miniature sur ivoire : Les Amants, d'après Boucher.

138 — Miniature : Jeune fille au rouet.

139 — Quatre boutons en argent et strass.

140 — Salière forme poule en argent.

141 — Petit carosse en argent.

142 — Deux cuillères hollandaises en argent.

143 — Etui forme poisson en argent.

144 — Face à main en argent.

145 — Deux petites statuettes en porcelaine blanche.

146 — Boîte à poudre en écaille à sujets vernis Martin.

147 — Boîte en écaille Louis XVI.

148 — Miniature sur ivoire.

149 — Boîte en nacre.

150 — Vide-poche en émaux translucides.

151 — Deux flacons à odeur en porcelaine décorée. Epoque Premier Empire.

152 — Lorgnette en métal doré. Style Premier Empire.

153 — Bénitier ancien vermeil et pierreries.

154 — Jumelle prisme objectif Zeiss.

155 — Très belle pipe en écume, foyer représentant la tour de Malakoff avec tête de zouave et attributs militaires finement sculptés.

156 — Petit éventail, peinture à fleurs.

157 — Quatre pièces ivoire.

158 — Bonbonnière en ivoire ornée d'une miniature sur ivoire.

159 — Carnet avec plaque en argent.

160 — Belle pipe en écume, bout en ambre avec double
chaînette et monture en or.

161 — Lot de cuillères et fourchettes en argent.

162 — Louche en argent.

163 — Eventail chinois avec peinture à personnages aux
figures en ivoire, monture en ivoire très finement
ajourée.

164 — Montre remontoir de dame à double boîtier or
enrichie de deux cercles de perles fines.

165 — Beau revolver américain à déclanchement.

TABLEAUX

ANTIGNA

166 — La Fileuse endormie.

167 — La Rieuse, petite fille couronnée de fleurs.

168 — Le Fiévreux.

BÉGA (Cornélius)

169 — Scènes d'intérieur. Deux pendants

BENSA (de)

170 — Les Bohémiens.

BOUCHER (Ecole de)

171 — Le Petit pont.

BOZE (Attribué à Joseph)

172 — Jeune femme couchée. Pastel.

BREUGHEL (Ecole de Jean)

173 — Le Paradis terrestre. Peinture sur cuivre.

CASTIGLIONE (G.)

174 — Portrait de jeune femme.

CICÉRI (Attribué à)

175 — Paysage.

CLOUET (Ecole de)

176 — Portrait de la reine d'Angleterre.

COLLE

177 — Les Bûcheronnes. Aquarelle.

COURTOIS

178 — La Bataille d'Arbelle. Beau tableau.

DUBUFFE (père)

179 — Portrait de jeune femme.

GAROFOLO (Tisio)

180 — Descente de croix.

GÉRARD (Mlle)

181 — Petit portrait de femme à la rose.

GERARD (D'après)

182 — Napoléon le Grand. Gravure en noir.

GREUZE (D'après)

183 — Dessus de porte. Dans son cadre ancien, en chêne sculpté.

HÉBERT (Georges)

184 — Campement dans les bois.

HERSENT

185 — Portrait de militaire.

JOLIN (E. 1875)

186 — La Leçon de peinture.

187 — La Femme du pêcheur.

188 — Deux tableaux, scènes champêtres.

JORDAENS (Ecole de)

189 — Les Satyres.

JOUVENIN

190 — La Leçon de peinture.

KIND

191 — Vue d'un port en Hollande.

KOEKKOEK

192 — Paysage avec rocher.

KUWASSEG (C.)

193 — Les Rochers.

LAMBINET

194 — Paysage.

LARGILLIÈRE (Ecole de)

195 — Portrait de Madame de Montesson.

MAAS (Nicolas)

196 — Portrait d une infante d'Espagne.

MAGNUS

197 — Paysage.

MALTESSE

198 — Nature morte.

MIÉRIS

199 — Le Galantin.

MIROU

200 — Tobie et l'Ange. Peinture sur cuivre.

MORA (Attribué à Jérome)

201 — Portrait d'une religieuse.

NATTIER (D'après)

202 — Femme se poudrant. Pastel.

NEUVILLE (A. de)
(D'après Cranach)

203 — Un reître. Dessin, provient de sa vente.

NOORMANS (Attribué à)

204 — Intérieur de salle à manger.

NORTHCOTE

205 — La Dentellière écossaise.

PIERRARD

206 — Rue dans une ville arabe. Aquarelle.

PORBUS (Ecole de)

207 — Portrait de Marguerite de Valois.

POUSSIN (Ecole du)

208 — Personnages à l'entrée d'une grotte.

RISTER

209 — Paysage suisse.

ROUSSEAU (Attribué à PHILIPPE)

210 — Nature morte.

RUBENS (Ecole de)

211 — Moïse sauvé des eaux.

TÉNIERS (Attribué à)

212 — Un fou.

TURNER (Attribué à GUILLAUME)

213 — L'Attaque de la diligence.

STEINLEIN

214 — Histoire de la mère Michel, de son chat et de Polichinelle. Planche de dessins.

VAN FALENS

215 — Chasse au faucon.

VAN HELMONT

216 — Le Concert champêtre.

VAN DER POEL

217 — Effet d'incendie.

VAN LOO (d'après)

218 — Deux aquarelles.

219 — Confidence.

220 — La Sultane (deux gravures en noir).

VAN TULDEN

221 — Portrait de jeune homme.

VERNON (P.)

222 — La Baigneuse.

ZIEM (Genre de)

223 — Marine.

ECOLE ANCIENNE

224 — L'Ange et Tobie.

225 — Nature morte.

226 — Panneau.

ECOLE ESPAGNOLE

227 — Portraits de seigneurs en armures, deux pendants.

ECOLE FLAMANDE

228 — La tonte.

229 — Portraits de dames nobles. Cadre en bois noir guilloché.

ECOLE FRANÇAISE

230 — Portrait de femme en costume de brocart, tenant un éventail.

231 — Portrait de femme.

ECOLE HOLLANDAISE, XVIIe SIÈCLE

232 — Portrait d'homme à collerette.

ECOLE MODERNE

233 — Une rue de village.

234 à 238 — Suite de trente eaux-fortes de CHARLES JAC-
QUE dont huit avant la lettre.

239-241 — Suite de dix-huit planches de Mademoiselle de
MAUPIN DE TOUDOUZE.

242 — Gravure anglaise en noir : vieillard et enfant.

243 — Deux gravures sanguines, d'après BAUDOUIN. Cadre
laqué blanc.

244 — Deux gravures anglaises en couleur : Jeux d'enfants.

TAPISSERIES ANCIENNES

BRODERIES — DENTELLES

245 — Grande tapisseries de Bruxelles, représentant la Reine des Scytes, entourée de nombreux personnages Bordure en velours.

246 — Grande tapisserie de Bruxelles, représentant César recevant les présents des villes vaincues.

247 — Grand panneau en ancienne tapisserie, représentant Marie de Médicis, entourée des dames d'honneur. Bordure à fleurs et à fruits.

248 — Deux panneaux du temps de Louis XIII tout en broderie de perles, dessin à vases fleurs au milieu de motifs ornementés et offrant au centre des médaillons de peintures représentant une Sainte en extaxe et l'agneau pascal.

249 — Grand col en guipure d'Irlande.

250 — Coupe de dentelle en Venise 5^{m}95.

251 — Coupe de dentelle en application, 5 mètres.

252 — Coupe de dentelle en application, 5m50.

253 — Coupe de dentelle en application, 4m50.

254 — Coupe de dentelle en application, 6m80.

255 — Lot de cinq coupes de dentelles.

256 — Six coupons de dentelles Alençon, Bruges.

257 — Objets omis.

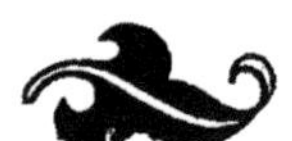